Pequeños relatos de grandes historias

FRIDA
KAHLO

Otros *Pequeños relatos de grandes historias*

Marie Curie
Amelia Earhart
Nelson Mandela
Ana Frank
Fernando de Magallanes
Stephen Hawking

BLUME

Título original: *Frida Kahlo*

Edición Chloë Pursey, Katherine Pitt
Diseño Charlotte Bolton, The Urban Ant Ltd.
Traducción y documentación Rosa Cano Camarasa
Revisión de la edición en lengua española Llorenç Esteve de Udaeta, Historiador del Arte
Coordinación de la edición en lengua española Cristina Rodríguez Fischer

Primera edición en lengua española 2019
Reimpresión 2020

© 2019 Naturart, S. A. Editado por BLUME
Carrer de les Alberes, 52, 2.º Vallvidrera, 08017 Barcelona
Tel. 93 205 40 00 e-mail: info@blume.net
© 2019 de las ilustraciones Marianna Madriz
© 2019 Laurence King Publishing Ltd., Londres

ISBN: 978-84-17492-39-7

Impreso en China

WWW.BLUME.NET

Pequeños relatos de grandes historias

FRIDA
KAHLO

Texto Isabel Thomas

Ilustraciones Marianna Madriz

BLUME

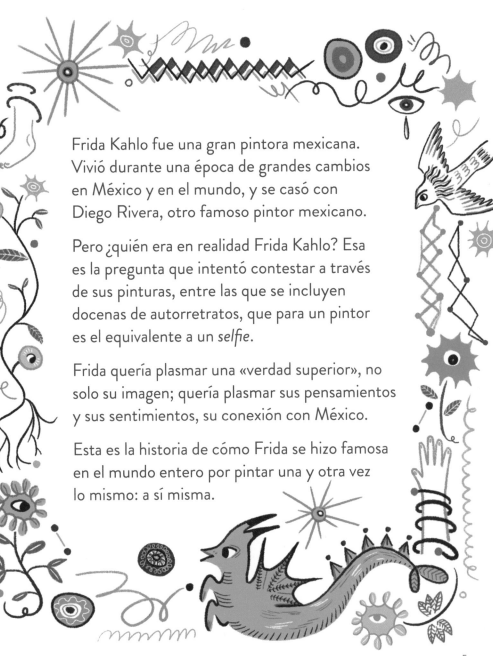

Frida Kahlo fue una gran pintora mexicana. Vivió durante una época de grandes cambios en México y en el mundo, y se casó con Diego Rivera, otro famoso pintor mexicano.

Pero ¿quién era en realidad Frida Kahlo? Esa es la pregunta que intentó contestar a través de sus pinturas, entre las que se incluyen docenas de autorretratos, que para un pintor es el equivalente a un *selfie*.

Frida quería plasmar una «verdad superior», no solo su imagen; quería plasmar sus pensamientos y sus sentimientos, su conexión con México.

Esta es la historia de cómo Frida se hizo famosa en el mundo entero por pintar una y otra vez lo mismo: a sí misma.

5

Frida nació en Coyoacán (México) en 1907;
su madre era mexicana, y su padre, alemán.

Matilde Calderón y González

Matilde era bella y elegante,
pero muy estricta y probablemente
padecía depresión.

Magdalena Carmen
Frida Kahlo y Calderón

Creció en la Casa Azul, una preciosa casa
diseñada por su padre.

Guillermo Kahlo
(Carl Wilhelm Kahlo)

Guillermo era fotógrafo.
Emigró a México cuando tenía
dieciocho años.

Llámame
Frida

Frida tenía tres hermanas: Matilde, Adriana
y Cristina. Su padre tenía dos hijas más
de su primer matrimonio.

El inicio de su vida coincidió con una nueva era para México. En 1910 empezó la <u>Revolución</u> mexicana, un intento del pueblo de derrocar a un <u>dictador</u> que llevaba más de treinta años en el poder. Fue una época violenta en la que murieron muchas personas.

Frida, que entonces tenía cinco años, observaba la lucha desde la seguridad de su casa.

«En 1914, solo se oía el silbido de las balas. Oigo todavía su extraordinario sonido».

El espíritu de la Revolución mexicana –la rebelión contra el poder y la lucha por la justicia– atrajo a Frida. Recuerda esconderse en un armario grande y cantar en secreto canciones revolucionarias.

Estos recuerdos y sentimientos los conservó durante toda su vida. ¡Incluso cambiaba su año de nacimiento a 1910 para que coincidiese con el año en que empezó la revolución!

La lucha no asustó a Frida tanto como la enfermedad de su padre. Guillermo padecía <u>epilepsia</u>, una enfermedad que ella no comprendía.

«Muchas veces iba caminando con su cámara colgada en bandolera, conmigo de la mano, y de repente se desplomaba. Aprendí a ayudarlo cuando le daban estos ataques en la calle».

Cuando no estaba enfermo, su padre era amable y cariñoso.
Le encantaba el carácter descarado y rebelde de Frida.

Como a todas las niñas mexicanas de la época, a las hermanas
Kahlo se les enseñó a cocinar, a coser y a cuidar de la casa.
Pero no solo eso. Guillermo creía que las niñas debían
recibir una buena educación, igual que los niños, de modo
que matriculó a Frida y a Cristina en un colegio alemán
de Ciudad de México.

Desgraciadamente, la tragedia golpeó a Frida muy
pronto, en 1914, cuando tan solo tenía seis años.

«Todo empezó con un dolor horrible
en la pierna derecha, que iba desde
el músculo hasta el pie».

Frida había contraído la <u>poliomielitis,</u> una enfermedad
que debilita los músculos y que puede ser mortal.
Tuvo que pasar nueve meses en la cama para recuperarse.
Pero la pierna derecha le quedó débil y más delgada,
y el pie derecho dejó de crecerle como correspondía.

De repente se sintió distinta a todos los demás
y, además, sola. En el colegio la llamaban
«Frida, Pata de Palo».

Frida encontró consuelo en su imaginación...

«En la vidriera del que entonces era mi cuarto...
sobre uno de los primeros cristales, echaba vaho.
Y con un dedo dibujaba una puerta...

»Por esa "puerta" salía en la imaginación,
con una gran alegría y urgencia... donde mi amiga
imaginaria me esperaba siempre... y le contaba,
mientras ella bailaba, mis problemas secretos».

A Guillermo se le ocurrió un plan para que Frida recuperase la fuerza:

Patinar

Montar en bicicleta

Remar

Jugar a la pelota

Boxear

«No me importaba que se considerase que las niñas no debían practicar deporte».

Escalar árboles

El ejercicio funcionó y mejoró su cojera. Aunque una de las piernas seguía siendo más delgada y más débil, Frida surgió de este trance todavía más intrépida que antes.

Guillermo también le enseñó a utilizar su cámara. La fotografía en color aun no se comercializaba, de modo que las fotografías en blanco y negro tenían que colorearse a mano. A Frida le encantaba esta tarea, requería toda su atención y dejaba de pensar en otras cosas.

«Mi niñez fue maravillosa, porque aunque mi padre estaba enfermo, fue un inmenso ejemplo para mí de ternura, de trabajo y, sobre todo, de comprensión para todos mis problemas».

A los catorce años, Frida, que era una niña muy inteligente, aprobó el examen de ingreso del mejor colegio de México. Solo treinta y cinco de los dos mil alumnos eran chicas, pero Frida no tenía miedo a ser diferente; de hecho, empezaba a gustarle. Muchas veces vestía con ropa masculina, y se cortó el pelo a lo chico.

Enseguida tuvo un grupo de amigos creativos e inteligentes a los que les gustaban las mismas cosas que a ella, como los libros, el *jazz*, la música, la poesía y el socialismo. El grupo se llamaba Cachuchas, por las gorras de visera que llevaban.

Frida era feliz y estaba enamorada de la vida; empezó a salir con Alejandro, uno de los Cachuchas.

Le gustaban mucho la <u>anatomía</u>, la <u>biología</u> y la <u>zoología</u>. Quería estudiar medicina y ser médico, pero la tragedia estaba a punto de interferir de nuevo en sus planes.

El accidente, 17 de septiembre de 1925

«Me senté en la orilla, junto al pasamanos...
momentos después, el autobús chocó con un tranvía.

Nos maltrató a todos, a mí más que a nadie...».

Frida tenía fracturas por todo el cuerpo.

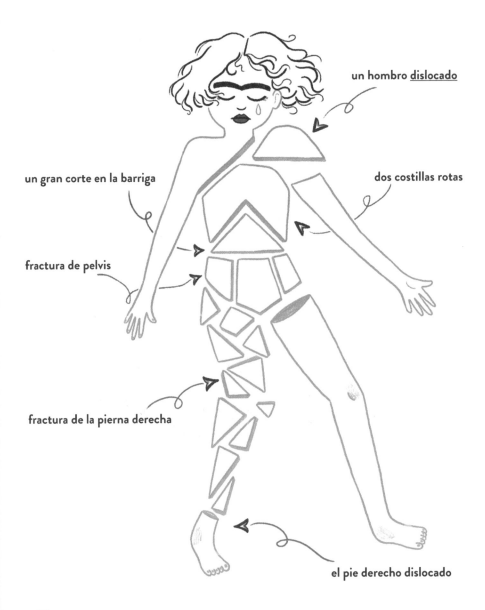

un hombro <u>dislocado</u>

dos costillas rotas

un gran corte en la barriga

fractura de pelvis

fractura de la pierna derecha

el pie derecho dislocado

Varias personas murieron en el accidente y los médicos no pensaban que Frida fuera a sobrevivir.

La muerte bailaba alrededor de mi cama por las noches.

Todo el mundo se sorprendió cuando Frida empezó a recuperarse. Sin embargo, su vida ya nunca sería igual.

Estuvo postrada en la cama durante tres meses.
Pese a que el dolor, la muerte y la tristeza estaban
a menudo en su mente, enseguida afloraron su amor
por la vida y su sentido del humor.

Martes, 13 de octubre de 1925

Álex de mi vida:
Tú mejor que nadie sabes todo lo triste
que he estado en este cochino hospital...
Todos dicen que no sea yo tan
desesperada, pero ellos no saben
lo que es para mí tres meses de cama...
Pero qué se va a hacer; siquiera
no me llevó la Pelona (la muerte).

Aunque Alejandro no iba a visitarla, sus otros amigos le hacían compañía. Leía todo lo que caía en sus manos: libros de poesía, de filosofía, de política, de arte.

Parecía que Frida se había recuperado totalmente, pero un año después volvía a ingresar en el hospital. Los médicos descubrieron que tenía tres <u>vértebras</u> desplazadas. Para corregir este problema, tendría que guardar cama durante nueve meses y llevar corsés de escayola para inmovilizar la columna.

Aunque su sueño de convertirse en médico se había desvanecido, Frida sentía en su interior una enorme energía y quería hacer algo con ella.

Su padre le dejó sus pinturas y su madre encargó un
<u>caballete</u> especial para que pudiese pintar en la cama.
Frida empezó a pintar a sus amigos y a sus hermanas
y, con ayuda de un espejo colocado en el techo,
a sí misma.

Cuando al fin le quitaron la escayola tenía veinte años y estaba lista para disfrutar de la vida. Decidió centrarse en la pintura; estaba obsesionada con pintar las cosas tal y como las veía.

De nuevo, Frida hizo un grupo de amigos que compartían sus aficiones, artistas mexicanos que disfrutaban discutiendo de política y que querían lograr una sociedad más justa.

Frida se afilió al Partido <u>Comunista</u> Mexicano y siempre llevaba el símbolo del partido prendido en la ropa.

A través de sus nuevos amigos artistas, Frida conoció a una persona que cambiaría su vida de forma tan dramática como su accidente de autobús.

Diego Rivera
1886–1957
Pintor mexicano famoso

El nuevo gobierno mexicano intentaba unir el país y contrató a Diego para que pintase gigantescos <u>murales</u> que celebrasen el arte, la cultura y las tradiciones populares de México en lugar de la historia y el arte europeos. Los murales no solo eran preciosas obras de arte, sino que además estaban cargados de información.

A Frida no la intimidaba la fama de Diego,
así que decidió averiguar qué pensaba un artista
serio de sus pinturas.

Diego siempre recordaría ese momento, en especial
por las sorprendentes cejas de Frida, que se juntaban
encima de su nariz.

Pero sobre todo lo maravillaron sus cuadros.
Los encontró honestos y reales. Frida lo invitó a ver
otras de sus obras y enseguida se enamoraron.
Diego incluso la pintó en uno de sus murales.

Frida y Diego se comprometieron, pero su familia no estaba contenta con el compromiso. Pensaba que había multitud de razones por las que Frida no debía casarse con él.

Diego tiene veintiún años más que Frida.

Diego es mucho más grande y pesa mucho más que Frida, es como si se casase un elefante con una paloma.

Diego ya ha estado casado en dos ocasiones.

Nuestra hija está enferma y lo estará toda la vida.

Cuando al fin se casaron, en 1929, solo su padre asistió
a la boda.

Al principio Frida estaba encantada con su nueva vida.
Empezó a vestirse con el traje tradicional mexicano todos
los días y creó una identidad diferente a la suya. Pintaba
más que nunca, Diego la inspiraba. Sus halagos la ayudaban
a pensar que ella también podía ser una artista profesional.

Sin embargo, las cosas no fueron sobre ruedas mucho tiempo. La pareja se trasladó a San Francisco, en Estados Unidos, pues habían contratado a Diego para pintar un mural. A Diego le encantaba estar allí, pero Frida se sentía sola. Diego siempre estaba en fiestas y en reuniones, y a ella le costaba hacer amigos.

En San Francisco, Frida volvió a enfrentarse a la tragedia cuando hubo que interrumpir su primer embarazo. Su cuerpo había quedado tan dañado por el accidente que los médicos le dijeron que seguramente nunca podría tener un bebé. Frida estaba destrozada.

Frida se alegró cuando Diego tuvo que regresar
a México por trabajo. Estaba encantada de volver a
estar entre los maravillosos monumentos, los sonidos
y los olores de su país.

Empezaron a construir una preciosa casa, pero al poco
tiempo Diego regresó a Estados Unidos, esta vez a
Nueva York. Frida no quería quedarse en México sola,
así que se fue con él.

A Diego le encantaba Nueva York, pero de nuevo
Frida añoraba su país y se sentía infeliz. Creó un *collage*
poco halagüeño de la ciudad en el que mostraba todo
lo que odiaba de ella...

Los americanos viven como en un enorme gallinero sucio e incómodo...

... los ricos viven lujosamente junto a la pobreza y a la falta de vivienda...

... la gente pretende ser algo que no es...

... el único color es el de mis vestidos mexicanos...

El siguiente mural que Diego pintó fue en Detroit, una ciudad de fábricas y máquinas. Era una zona de Estados Unidos mucho más pobre; sin embargo, Frida y Diego la encontraron más acogedora que Nueva York.

Pero mientras Diego pintaba una de sus mejores obras maestras, Frida se recuperaba de otro aborto.

Esta vez pintó como no había pintado jamás. Sus autorretratos plasmaban los terribles pensamientos y las imágenes que se arremolinaban en su cabeza. No le daba miedo plasmar su congoja y su dolor.

Incluso Diego estaba asombrado.

–Ninguna mujer jamás ha plasmado semejante poesía atormentada sobre un lienzo, Frida –le dijo.

Al fin, en 1933, Frida y Diego regresaron a México,
a su nueva casa. Más que una casa era una obra
de arte: dos cubos separados y unidos por un puente.

Frida vivía en el cubo más pequeño, que llenó de exóticos animales, como atrevidos monos araña, un precioso cervatillo, pájaros y perros sin apenas pelo llamados xoloitzcuintles.

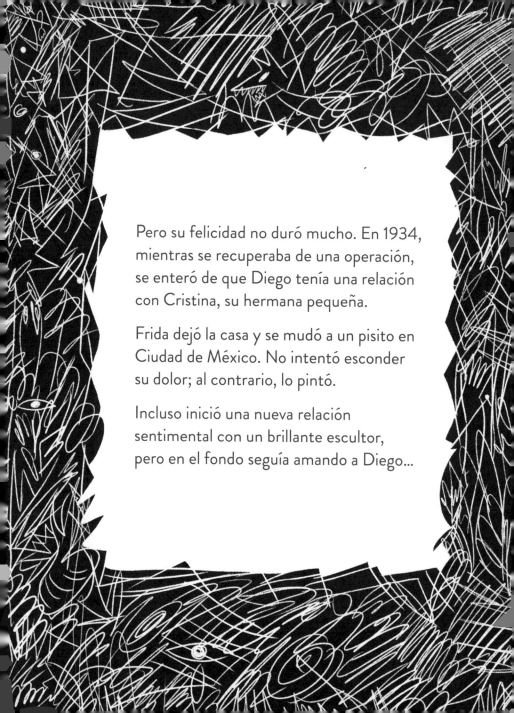

Pero su felicidad no duró mucho. En 1934, mientras se recuperaba de una operación, se enteró de que Diego tenía una relación con Cristina, su hermana pequeña.

Frida dejó la casa y se mudó a un pisito en Ciudad de México. No intentó esconder su dolor; al contrario, lo pintó.

Incluso inició una nueva relación sentimental con un brillante escultor, pero en el fondo seguía amando a Diego...

En el fondo, tú y yo nos queremos muchísimo, por lo cual soportamos un sinnúmero de aventuras, golpes sobre puertas, imprecaciones, insultos y reclamaciones internacionales, pero siempre nos amaremos.

La pintura de Frida se hizo todavía más intensa
cuando ella encontró nuevas formas de plasmar
sus preocupaciones y sus emociones.

Muchos de sus autorretratos tenían fondos simples
y vacíos para plasmar lo sola que se sentía.

Con el tiempo, Frida y Diego, que continuó animándola
a seguir pintando, volvieron a juntarse. En 1938,
Frida celebró su primera exposición en solitario
en la Julien Levy Gallery de Nueva York.

Fue un gran éxito, a los críticos les encantó y le pidieron
que crease más cuadros. ¡Frida estaba ganando dinero
con su pintura y era una estrella!

Posteriormente, a Frida la invitaron a exponer su obra en París y causó un gran impacto. El Louvre, el museo más grande y más famoso del mundo, ¡compró uno de sus cuadros!

Incluso Picasso, uno de los artistas más famosos de Europa, le regaló unos pendientes para mostrarle su admiración.

Algunas personas consideraban que la pintura de Frida era <u>surrealista</u>. Este tipo de arte intentaba mostrar lo que realmente sucedía dentro de la mente y a menudo plasmaba los sueños más que la realidad. Sin embargo, Frida no estaba de acuerdo.

Yo nunca pinto sueños. Pinto mi realidad.

Intentaba plasmar la vida como ella la vivía. Pintaba autorretratos porque era la persona a la que mejor conocía.

En 1939 el mundo pasaba por un período
de gran confusión, y la vida de Frida, también.

Regresó a París y allí descubrió que Diego y Cristina
volvían a estar juntos. En noviembre de 1939, cuando
ya había empezado la segunda guerra mundial,
Frida y Diego se divorciaron.

A veces Frida se desesperaba.

Ahora me siento tan podrida
y sola, que me parece que
nadie en el mundo tiene
que sufrir tanto como yo...

En otros momentos se sentía llena de esperanza
por el futuro. Pintaba su imagen una y otra vez,
y siempre encontraba diferentes maneras
de plasmar sus sentimientos.

En *Las dos Fridas*, Frida le da la mano a su imagen. El cuadro muestra su imagen antes y después de que Diego la amase y plasma la forma en que ella utiliza su fuerza interior para sanar sus heridas, igual que su amiga imaginaria la había ayudado a sobrellevar su enfermedad cuando era una niña.

En *Autorretrato con pelo corto*, Frida se ha cortado su larga melena y lleva un traje de hombre. Muestra que es independiente y que está preparada para la libertad de una nueva vida.

En 1940, Frida visitó San Francisco y vio a Diego de nuevo. Él le pidió que volviera a casarse con él, y ella le dijo que sí, pero solo si seguía conservando su independencia.

Viviremos separados. Yo ganaré mi propio dinero vendiendo mis cuadros.

Estaba tan contento que le dije a todo que sí.

Ahora Frida era una artista de éxito y su vida era más tranquila, pero su salud empeoraba porque su columna estaba cada vez más débil. Se veía obligada a pasar más tiempo en casa, así que la llenó de árboles y flores, bonita artesanía mexicana y animales.

Muchos de los animales de Frida aparecen en sus autorretratos, igual que la vegetación y los paisajes de México.

Frida era ya muy famosa y la Escuela Nacional de Pintura, Escultura y Grabado la invitó a formar parte de su profesorado.

A diferencia de la mayoría de los profesores, Frida no pedía a sus alumnos que copiasen pinturas famosas, sino que les mostraba la vida mexicana real.

Los llevaba de excursión a su precioso jardín, a mercados coloristas, a <u>poblados de chabolas</u> y a ver interesantes lugares históricos. Incluso lo organizó todo para que sus alumnos pintasen un mural en la calle.

Cuando Frida se puso demasiado enferma para enseñar en la universidad, sus alumnos iban a su casa para las clases.

Entonces Frida solo tenía treinta y siete años, pero su espalda estaba tan débil que casi no podía estar ni sentada ni de pie. A veces lo único que podía hacer era yacer en la cama con un corsé de acero. Frida empezó a escribir un diario lleno de dibujos y de *collages*. Al igual que en sus pinturas, intentaba expresar sus pensamientos y sentimientos más íntimos incluso aunque pareciesen no tener sentido.

En 1946, el Ministerio de Educación de México le otorgó un premio por uno de sus cuadros. A pesar de que casi siempre tenía mucho dolor, asistió a la ceremonia de entrega y siguió pintando.

En *Árbol de la esperanza, mantente firme* pintó dos versiones distintas de sí misma: Frida por fuera, postrada en la cama de un hospital al borde de un hoyo sin fondo...

... y Frida por dentro, vestida y bella, y sujetando un estandarte que rezaba: «Árbol de la esperanza, mantente firme».

El cuadro muestra que incluso en los momentos más difíciles podía encontrar coraje en su interior.

ÁRBOL DE LA ESPERANZA MANTENTE FIRME.

Nunca perdí la entereza. Siempre pasaba el tiempo pintando.

Durante los últimos años de su vida, sus pinturas
muestran lo mucho que pensaba en la muerte.
No obstante, conseguía conservar la esperanza
y la fuerza.

Viernes 30 de enero de 1953

A pesar de mi larga enfermedad,
siento una tremenda alegría
de ESTAR VIVA.

En 1953 se organizó la primera exposición individual de la obra de Frida en México. Estaba determinada a no perdérsela y llegó en una ambulancia para asistir a su exposición desde una cama situada en el centro de la galería.

DESPIERTA CORAZÓN DORMIDO

En 1954 la salud de Frida estaba peor que nunca, pero ella continuó luchando por un mundo más justo y más tranquilo, y portó un estandarte con una paloma de la paz en una manifestación política. Once días después, el 13 de julio de 1954, murió.

Desde su muerte, la fama de Frida ha aumentado todavía más. En la actualidad sus cuadros cuestan millones y copias de ellos cuelgan en muchos hogares de México y del mundo entero. Se han escrito libros y se han hecho películas sobre su vida.

Frida pintaba cuadros pequeños sobre grandes temas, cuadros que nos muestran la tristeza, el dolor y la pérdida como parte de la vida, pero también el coraje, la esperanza y la pasión que llevamos dentro y que nos pueden ayudar a sobrellevar lo que la vida nos depare.

Una de las últimas obras que pintó fue un bodegón de sandías llenas de color con su mensaje final para el mundo: «Viva la vida».

CRONOLOGÍA

1907
Magdalena Carmen Frida Kahlo nace en Coyoacán (México) el 6 de julio. La llaman Frida.

1910
Empieza la Revolución mexicana. Supuso tal impacto en la pequeña Frida que posteriormente diría que nació en 1910.

1914
Frida contrae la poliomielitis y tiene que pasar los siguientes nueve meses en la cama recuperándose.

1927
Al fin libre de la escayola, se une al Partido Comunista Mexicano.

1928
Conoce al famoso pintor mexicano Diego Rivera. Se casan al año siguiente.

1930
Los recién casados se trasladan a San Francisco. Frida no es feliz y añora su tierra.

1933
Frida y Diego regresan al fin a México y se mudan a su nueva casa.

1938
Se celebra su primera exposición individual en la Julien Levy Gallery de Nueva York y es un gran éxito.

1939
Frida pinta *Las dos Fridas*, una de sus obras más famosas. Frida y Diego se divorcian.

1946
El Ministerio de Educación del Gobierno de México le otorga un premio por la obra *Moisés*. Pinta *Árbol de la esperanza, mantente firme*.

1953
Se celebra su primera exposición individual en México. Asiste a la exposición desde una cama situada en el centro de la galería.

1954
Muere el 13 de julio con solo 47 años.

1922
Ingresa en la Escuela Nacional Preparatoria, donde disfruta estudiando anatomía, biología y zoología.

1925
El 17 de septiembre Frida sufre un accidente de tráfico en Ciudad de México, que la deja malherida; ha de pasar meses postrada en la cama. Parece que se recupera por completo...

1926
... sin embargo, un año después los médicos descubren problemas en la columna y tiene que guardar cama otros nueve meses. Frida empieza a pintar para pasar el tiempo y hace su primer autorretrato.

1931
La pareja regresa a México para cinco meses y empiezan las obras de su casa, aunque pronto vuelven a Estados Unidos, esta vez a Nueva York. Frida empieza a pintar *Mi vestido cuelga aquí*, aunque no lo termina hasta 1933.

1932
Frida y Diego se trasladan a Detroit.

1940
Tras su divorcio, pinta *Autorretrato con pelo corto*. Vuelve a casarse con Diego ese mismo año con la condición de continuar siendo completamente independiente.

1943
Pinta *Autorretrato con monos* y empieza a trabajar como profesora en la Escuela Nacional de Pintura, Escultura y Grabado.

1944
Su salud empeora y se ve obligada a guardar cama y a llevar un corsé de acero. Pinta *La columna rota* para plasmar su dolor.

Hoy
Frida Kahlo es recordada por sus increíbles autorretratos, su colorido sentido del vestir y su coraje ante la adversidad.

Frida Kahlo

GLOSARIO

anatomía Estudio de los cuerpos humanos, los animales y otros organismos vivos.

biología Estudio de todas las cosas vivas de la Tierra, incluido cómo y por qué aparecen y qué factores influyen en su desarrollo.

caballete Estructura diseñada para colocar el cuadro y que el artista pinte en él.

comunismo Teoría política basada en la creencia de que la riqueza debe compartirse y todo el mundo ha de ser tratado igual.

comunista Persona que cree en el comunismo. Los comunistas suelen ser miembros de un partido comunista.

dictador Líder político que ejerce un control total sobre un país y generalmente por la fuerza.

dislocar Desplazar un hueso de su posición normal.

epilepsia Enfermedad del sistema nervioso que provoca ataques repentinos caracterizados por convulsiones violentas.

gringo Término utilizado en algunos países de Latinoamérica para definir a un extranjero, principalmente de Estados Unidos.

mural Obra de arte grande, por lo general una pintura, realizada directamente en la pared.

poblado de chabolas Zona de una ciudad donde la gente vive en casas muy pobres.

poliomielitis Enfermedad grave que debilita los músculos. No existe cura para la poliomielitis, pero se puede prevenir con una vacuna.

revolución Derrocamiento violento
de un gobierno por personas que creen
que alguien distinto debería ejercer
el poder. Las revoluciones suelen traer
consigo períodos de violencia y disturbios.

socialismo Teoría social basada en
la idea de que la tierra y los negocios
han de ser propiedad de la comunidad
como un todo y no de individuos.

surrealismo Movimiento artístico
del siglo XX que exploraba los sueños
y su capacidad para revelar nuestros
pensamientos y nuestros deseos
más íntimos.

vértebras Treinta y ocho huesos
pequeños situados uno encima de otro
y que forman la columna vertebral.
Las vértebras protegen la médula
espinal y soportan el peso del cuerpo.

zoología Estudio de los animales, incluida
su estructura, su comportamiento
y su hábitat.

ÍNDICE

CRÉDITOS

Fotografía de la página 61 cortesía de Granger Historical Picture Archive / Alamy Stock Photo